LES

SOURCES IMPRIMÉES

L'HISTOIRE

DE LA

GUERRE EUROPÉENNE

Conférence

faite le 10 Novembre 1916
à l'Exposition d'Autographes militaires

Albert Mathiez
Bibliothécaire de la Sorbonne

PARIS

BUREAUX DE LA SOCIÉTÉ DE GRAPHOLOGIE
150, Boulevard Saint-Germain

1917

*Conférence faite le 19 novembre 1916
au Siège de l'Exposition d'Autographes militaires,*

LES SOURCES IMPRIMÉES
DE L'HISTOIRE
DE LA
GUERRE EUROPÉENNE

par

ALBERT MAIRE

bibliothécaire de la Sorbonne

MESDAMES, MESSIEURS,

Avant de commencer cette conférence, je tiens à remercier les organisateurs de l'Exposition d'Autographes militaires, et tout particulièrement M. J. Depoin, le distingué président de l'Institut Sténographique de France, dont l'érudition et le savoir égalent la grande modestie.

C'est sur son invitation, si aimable, que je me suis permis de vous entretenir aujourd'hui.

La crise terrible que nous subissons, depuis deux ans passés, a heureusement cimenté les liens d'union, d'estime et de charité entre tous les Français ; aussi dois-je adresser à vous tous, Mesdames et Messieurs, à l'ensemble de nos concitoyens, des remercîments et des éloges pour l'union sacrée que vous pratiquez avec tant de respect et de dévouement.

Mais, surtout, nous devons tous, du plus grand au plus petit, un hommage tout particulier, un respect sans borne à nos héroïques soldats qui, tous les jours, progressent pas à pas vers la victoire, qui souffrent stoïquement et sans murmurer, qui donnent leur vie pour ce grand idéal de bien et de bonheur qu'est la Patrie.

N'était-il pas juste, de notre part, de ne jamais oublier et, puisque l'âge nous prive du grand honneur de partager leur sort, de laisser quelque chose dont le souvenir persistera ?

Ce sentiment m'a engagé à entreprendre une œuvre qui pourra être utile dans un avenir lointain.

Avez-vous songé à l'énorme quantité de livres, d'ouvrages, de brochures, d'articles de journaux, de pièces de théâtre, de poésies et de chansons, pour ne parler que des écrits, que l'état de guerre a fait jaillir depuis plus de deux ans, non seulement en France et chez nos alliés, mais aussi chez les neutres, chez nos ennemis qui, plus que tous, ont eu besoin de dissimuler, sous un échafaudage de mensonges et de calomnies, la vérité telle qu'elle est, simple et rayonnante ?

Leur situation matérielle, financière et sociale, ils l'ont dissimulée avec soin. Leur sauvagerie et leur brutalité odieuses se cachent sous l'expression de *Kultur*. Leur opiniâtreté est telle qu'ils ne peuvent concevoir la bêtise et l'inanité de leurs protestations et de leurs cyniques écrits.

S'ils croient que le poids du papier noirci est une preuve de justice, ils se trompent grossièrement.

Il est vrai qu'ils répandent dans le monde entier, avec une profusion sans exemple, des monceaux de livres, de journaux, de brochures, et cependant leur but n'est pas atteint. A part le parti-pris et l'aveuglement volontaire de quelques neutres, la majeure partie, plus perspicace, plus intelligente, rejette avec dédain leurs productions typographiques et se tient dans une réserve toute de sympathie pour l'Entente.

Avec l'insouciance et la légèreté de notre caractère, nous n'avions pas compris, au début des hostilités, l'importance qu'il y avait à faire pénétrer dans les pays neutres, non seulement des protestations véhémentes et des documents officiels, mettant au point la genèse de cette guerre, démontrant, par des preuves à l'appui, la préméditation voulue de l'Allemagne, l'invasion sans déclaration de guerre de la Belgique, mais aussi les actes de vandalisme, de carnage, les atrocités de toutes sortes qui y ont été commises, là, et dans nos provinces du Nord.

On a heureusement regagné le temps perdu ; l'organisation s'est faite, non seulement officiellement dans les ministères et les administrations, mais dans la Presse, dans le monde universitaire dans la nation tout entière en un mot. La protestation de la France et celle de la Belgique est venue énergique, puissante ; un réquisitoire implacable, avec tous les documents à l'appui, s'est dressé d'un bout à l'autre de ces deux pays. Il marquera dans les temps à venir, et l'histoire impartiale s'en servira un jour.

C'est de l'ensemble des écrits qui constitueront ce réquisitoire, sous toutes les formes, que je désire vous entretenir pour vous démontrer de quelle nécessité il pourra être plus tard.

Quand j'emploie le mot « réquisitoire », c'est un peu forcé, car les documents officiels à peu près seuls le constitueront avec les récits authentiques des événements. Il y a, à côté de cette littérature spéciale, une autre qui s'étend beaucoup plus loin, embrasse tout, pour ainsi dire : religion, philosophie, politique, économie sociale, littérature, romans, fictions, théâtre, poésies, fantaisies, humour.

On voit par là combien est vaste la matière sur laquelle doit s'exercer la sagacité du bibliographe.

Et ce n'est pas tout. Les artistes, eux aussi, ont contribué par leurs productions à enrichir encore cette enquête.

Non seulement les événements de guerre, les opérations militaires et les actions particulières ont été interprétés et traduits dans des compositions admirables, en peinture, gravure, eau-forte, cuivre et bois (Henry de Groux et Naudin en sont des exemples), mais aussi par la photographie ordinaire et cinématographique. La caricature, dans ses diverses branches, s'en est aussi emparée, et à l'heure actuelle on pourrait éditer un bien gros volume avec les seules charges sur leur *Kaiser* sanguinaire.

✶

Veuillez me pardonner, Mesdames et Messieurs, mais je m'aperçois que j'entre dans des descriptions un peu prolixes et que le sujet même de la conférence est relégué à l'arrière-plan.

Pas à mon avis cependant, et je crois que vous comprendrez la nécessité de cette introduction.

Avant de parler des œuvres, il faut parler des hommes et leur accorder un instant d'attention.

Ceux qui méritent d'être cités en première ligne sont les principaux journalistes de notre grande presse française, ainsi que les administrateurs de ces journaux, qui ne reculent devant aucun sacrifice pour renseigner leurs nombreux lecteurs en envoyant des reporters spéciaux jusqu'au plus lointain des fronts.

Il ne m'est pas possible de citer les titres de tous les journaux, il y en a trop, mais je rendrai hommage ici à quelques-uns de leurs rédacteurs, comme MM. Maurice Barrès, Béranger, G. Clémenceau, L. Daudet, Hanotaux, J. Herbette, G. Hervé, Ch. Humbert, Maurras, J. Reinach, sans compter ceux dont les noms m'échappent en ce moment.

Il est naturel que je vous entretienne aussi de quelques autres écrivains : journalistes, historiens et philosophes qui jouissent déjà d'une notoriété bien méritée. A côté de noms nouveaux, je m'excuse d'en citer trois que j'ai déjà nommés.

Vous n'êtes pas sans connaître les belles chroniques que M. Maurice Barrès publie dans l'*Echo de Paris* et qui ont paru en livre sous le titre de *L'âme française et la guerre*.

Et aussi M. J. Reinach, dont la compétence est universelle. Dans le *Figaro* paraissent de lui des commentaires sur la guerre signés Polybe, d'un si grand intérêt, où le patriotisme le plus sain s'allie à la tolérance la plus large. Ces commentaires forment déjà sept volumes en librairie et seront fort goûtés plus tard. Vous parlerai-je de Mgr Baudrillart, dont les écrits respirent un si grand amour de la France ?

Et MM. Andler, Bergson, Denis Cochin, Chuquet, L. Daudet, Ernest Denis, Gauvain, Laudet, de Lanessan, Lavedan, Leroy-Beaulieu, Verhaeren, Wampach, et tant d'autres qu'il me serait trop long de vous citer !

Parmi les artistes je ne nommerai que Naudin, Forain et Abel Faivre ; mais je vous engagerais à visiter la remarquable Exposition des Œuvres de guerre faite par le peintre Henry de Groux, qui a su interpréter avec un profond sentiment de pitié toutes les douleurs et toutes les misères des conflits sanglants et des rudes batailles de cette guerre.

Et je ne parle ici que des personnalités qui ont écrit sur les événements, les ont commentés, interprétés et discutés, de quelques-uns de ceux qui ont consacré leur énergie à l'œuvre d'expansion et de propagande, soit à l'étranger, soit en France même, sans vous rien dire de la grande pléiade des littérateurs, romanciers, auteurs dramatiques et poètes.

Parmi les ingénieurs, les médecins, les chimistes, les techniciens et les commerçants soucieux du développement économique et industriel de la France, il y aurait de grands noms à citer, mais, à l'exception d'un seul, je suis obligé de m'en abstenir.

Dans *Notre Avenir*, M. Victor Cambon a brillamment exposé ce qui serait nécessaire à la France pour reconquérir dans le monde la grande place économique qu'elle doit y occuper.

∗

Ces publications si variées et si nombreuses ne pouvaient se faire sans le secours des éditeurs. Accordons-leur quelques mots pour les remercier et les encourager. Après la maison Berger-Levrault, qui tient peut-être la tête dans l'œuvre d'expansion par ses *Pages* d'*Histoire* arrivées au 116ᵉ fascicule, sans compter les autres ouvrages se rapportant à la guerre, la maison Armand Colin, dont M. Max Leclerc est l'un des directeurs les plus autorisés, prête largement son concours aux membres de l'Université et aux auteurs sérieux. Les autres éditeurs : Alcan, Calmann-Lévy, Delagrave, Hachette, Masson, Payot, et la Maison « Editions et Librairie » peuvent être placés à peu près sur le même rang. L'éditeur Crès et Cⁱᵉ se distingue plus particulièrement par d'élégantes collections littéraires dont la série « Bellum » est une des plus réussies.

Je ne dois pas oublier de mentionner les éditions d'art que publie M. Helleu, dont le goût et le sens bibliophilique sont très développés.

En dehors des efforts des éditeurs il me faut vous nommer l'œuvre remarquable de l'Alliance française. Son *Bulletin,* traduit en 8 ou 10 langues, est expédié en grande masse dans le monde entier, et cette habile propagande fait connaître très exactement à l'extérieur les sentiments et l'état de la France.

Maintenant que j'ai fait mon devoir en adressant à tous un souvenir de respect et d'hommage, des remercîments mérités, j'entre réellement dans l'objet même de cette causerie.

∗

Dès le mois d'octobre 1914, j'ai eu l'idée de recueillir les documents et les notes pour établir une bibliographie de la Guerre. Le plan adopté était précis, mais il pouvait se modifier au cours du travail — je vous en parlerai un peu plus loin.

Il se présentait deux manières de préparer cette Bibliographie :

1° De faire un Bulletin mensuel ou une publication périodique donnant les titres de tout ce qui avait paru dans un temps déterminé ;

2° Recueillir tous les matériaux possible pendant la durée de la guerre, réserver les fiches, les classer et ne faire paraître qu'à la fin des hostilités en un nombre déterminé de volumes ; continuer ensuite les recherches et constituer un Supplément d'après-guerre.

Le premier procédé avait l'avantage de donner d'une manière périodique ce qu'on avait recueilli ; on créait une Revue, non une Bibliographie, un recueil de librairie où les fascicules successifs renfermaient les suites d'ouvrages donnés antérieurement, c'est-à-dire des fragments morcelés, des titres divers d'une même collection ; en un mot, on avait une répétition de titres qui ne se liaient pas entre eux. Le travail manquait donc d'homogénéité.

Un inconvénient plus grave surgissait. A moins de parcourir chaque semaine les éditeurs divers et nombreux, pour y relever ce qu'ils auraient publié, ou à moins d'acheter tout ce qui paraissait dans le mois — ce qui est matériellement impossible, avouez-le, — il fallait se rabattre sur les Bibliographies officielles où les ouvrages sont quelquefois enregistrés un an après leur apparition.

Je me suis donc décidé à adopter le deuxième plan, et, malgré ses inconvénients encore nombreux, il m'a paru préférable au premier système.

C'est sur cette réflexion que j'ai commencé le travail lorsque, le 2 février 1915, je reçus la visite de M. Alfred Pereire, le sympathique Secrétaire général de la Société des Amis de la Bibliothèque Nationale, bibliophile éclairé, travaillant alors à une Bibliographie racinienne, qui m'exprima le désir de collaborer à l'œuvre que j'avais projetée. — J'acceptai sa collaboration avec grand plaisir.

M. Pereire étant au front, il a confié à M. ~~Eugène~~ Pagès le soin de s'entendre avec moi.

Depuis ce moment l'œuvre se poursuit parallèlement. M. Pagès voit les éditeurs, relève dans les bibliothèques et les diverses administrations toutes les publications se rapportant à la Guerre, tandis que je procède, à la Bibliothèque de l'Université, à un travail de recherches analogues.

Il est utile de dire que dans ce travail, qui aura pour titre : *Les sources imprimées de l'histoire de la guerre européenne*, les seuls ouvrages en langue française figureront. C'est, somme toute, une Bibliographie nationale dans le cadre de laquelle seront insérés aussi les travaux et publications parus à Paris et en province, dans les pays annexés, chez les neutres et nos ennemis, ainsi que les traductions françaises de brochures et d'ouvrages étrangers.

Cependant l'exclusion d'un certain nombre de publications s'impose. D'une part les articles des journaux quotidiens ne sont pas donnés, à moins qu'ils aient été réunis en volumes ou en brochures ; d'autre part, les œuvres d'imagination et les romans populaires en feuilletons ou en fascicules ne présentent pas assez d'intérêt et alourdiraient inutilement cette bibliographie ; les nombreux follicules et petites revues fantaisistes sont dans le même cas, enfin les cartes postales doivent aussi être éliminées.

⁂

A partir de quelle date précise est-il utile de commencer et faut-il aussi relever tous les titres sans exception qui se rapportent de près ou de loin à la guerre ?

J'ai déjà répondu à la dernière partie de cette question, mais pour en résoudre la première, il faut envisager les événements rétrospectifs et antérieurs au conflit.

Il y a eu de la part de l'Allemagne un ensemble de manœuvres politiques qui constituent des provocations nettement définies et dont le but ne visait rien moins qu'à mettre le gouvernement français dans l'obligation d'accepter une guerre. Ces provocations, de plus en plus précises et à tendances réellement belliqueuses, remontent à l'année 1906, lors des affaires du Maroc, et ont abouti, en définitive, à la cession d'une partie du Congo.

Faut-il ajouter que depuis 1874 jusqu'à la déclaration de cette guerre, l'empire Allemand suscitait à la France une série de difficultés diplomatiques et économiques qui fatalement auraient dû entraîner un conflit sans l'extrême habileté et la grande modération de nos diplomates et sans le désir formel du gouvernement de vouloir éviter toute guerre?

Mais à partir de 1906, la phase aiguë a commencé, et l'Allemagne, ne trouvant aucun prétexte direct pour déclarer la guerre, a fait intervenir l'Autriche qui, par sa politique balkanique, s'était aliéné déjà la Russie. C'est donc bien à partir de cette année 1906 qu'il est utile de relever les écrits officiels et particuliers ; les événements, en effet, s'enchaînent et se précipitent pour aboutir au drame de Sarajevo, prétexte trop longtemps cherché de cette terrible et si longue guerre.

On peut observer que ces diverses tendances politiques ont eu des répercussions soudaines et quelquefois à longues distances sur les marchés financiers, sur l'intensité et le ralentissement des transactions commerciales et surtout sur le développement industriel.

Ces raisons m'obligent à mentionner les principaux travaux en livres ou en articles de revue qui traitent de ces événements, et de la politique de cette période.

J'arrive maintenant à l'ensemble des matières que doit comprendre cette bibliographie.

On peut diviser en 10 parties la totalité de toutes les productions historiques, scientifiques, littéraires et artistiques à signaler :

1° Documents officiels en volumes ou en brochures.
2° Ouvrages complets ou en cours de publication, soit en prose, soit en vers.
3° Brochures de toutes sortes, isolées, en collection ou extraites de Revues, de journaux, etc.
4° Articles des principaux périodiques.
5° Pièces de théâtre.
6° Chansons et musique.
7° Cartes géographiques.
8° Liste et titres des périodiques, illustrés ou non, traitant de la guerre et dont les articles n'auraient pas été relevés.
9° Liste et titres des journaux du front et des tranchées.
10° Iconographie de la guerre, comprenant les estampes, dessins, gravures de toutes sortes, photographies... qui ne figurent pas dans les journaux illustrés, ainsi que les suppléments et tirages à part des grands journaux illustrés, enfin les albums de dessins, d'images et peut-être certaines séries d'images d'Épinal.

Dans ces diverses parties seront comprises les productions imprimées en caractère sténographiques.

❈

Ne prenez pas cela pour le classement des œuvres elles-mêmes, il en sera question un peu plus loin.

M. Pagès a bien voulu relever, par catégories, le nombre de fiches faites jusqu'ici ; je les énumère :

Documents officiels	992
Ouvrages	2866
Brochures	2665
Articles de revues, y compris les journaux du front	7171
Divers (théâtre, etc...)	154
Plans et cartes	200

Affiches. 64
Musique et chansons. 1091
Gravures 2914
Photographies des diverses armées déposées aux archives
    de la guerre et autres. 1386
Portraits. 612
Section cinématographique. 76

Total : 20191

Ce total de 20191 pièces ne représente peut-être pas la moitié de l'ensemble des productions typographiées, gravées et autres, qui se feront pendant la durée de la guerre.

Pour établir de l'ordre dans une telle masse il a fallu créer un système de classement assez simple, assez élastique, qui permît d'intercaler des subdivisions au fur et à mesure des besoins.

Je me suis arrêté provisoirement aux grandes divisions suivantes qui constituent des mots-souches derrière lesquels seront classées les fiches qui s'y rapportent :

1. Avant-Guerre.
2. Histoire et diplomatie de l'Europe au moment de la déclaration de guerre.
3. Politique en temps de guerre.
4. Diplomatie en temps de guerre et Correspondance diplomatique. — Services secrets et d'espionnage.
5. Causes et déclaration de guerre.
6. Les Belligérants : leur état social et psychologique.
7. Les Neutres : leur état social et psychologique.
8. Les Armées : Alliés, ennemis, neutres.
9. Technique militaire : Armement. Organisation. Mobilisation. Préparation et Amélioration. Munitions. Entretiens, Transports, Postes et Télégraphes.
10. Art de la guerre : Stratégie et Tactique.
11. Opérations militaires : en rase campagne et en tranchées, guerre de forteresse et aérienne.
12. Histoires et récits de guerre.
13. Les colonies pendant la guerre. -
14. Cartes géographiques et plans.
15. Marine. Flotte militaire. Armement. Entretien. Sous-Marins. Usages. Combats. Transports.

Aujourd'hui 34.000

16. Aviation. Aérostation. Création du matériel et amélioration. Observations. Offensive et défensive.
17. Intendance militaire. Son rôle, son action.
18. Service sanitaire. Ambulances. Hôpitaux. Hospitalisation. Grands blessés. Malades.
19. Aumôniers et secours religieux.
20. Jurisprudence militaire. Prévôté. Conseils de guerre.
21. Jurisprudence civile.
22. Invasion. Dégâts. Dommages.
23. Secours militaires et civils.
24. La vie sociale pendant la guerre.
25. Psychologie et Philosophie.
26. Les femmes et la guerre.
27. L'économie sociale en temps de guerre.
28. La Science en temps de guerre.
29. Les finances et les questions financières.
30. Le Commerce. L'Agriculture.
31. L'Industrie de guerre. Les Arsenaux. Les Usines. Outillage. Personnel ouvrier. Productions.
32. L'Industrie civile. Son adaptation aux besoins de la guerre.
33. La littérature en temps de guerre. Écrits religieux. Prédictions. Romans. Poésies. Anecdotes. Fictions. Anas. Linguistique et manuels de langues.
34. Théâtre. Spectacles. Cinématographe.
35. Musique et chants.
36. Biographies. Nécrologie. Éloges.
37. Périodiques et Journaux illustrés.
38. Gravures. Portraits. Photographies.
39. Imagerie et illustrations spéciales.
40. Après-Guerre. — *Varia*.

Comme vous le voyez, Mesdames et Messieurs, les questions les plus complexes et les plus multiples sont soulevées, étudiées, analysées, et les opérations de guerre ne tiennent plus qu'une place secondaire bien que les résultats soient d'une importance capitale dans la future existence des nations belligérantes.

Vous comprendrez quelle précision et quelle méthode il est nécessaire d'apporter dans une manipulation d'environ 50.000 fiches. Je vous disais que, non seulement un ordre simple et clair est nécessaire dans le classement, mais encore les matières constituant les diverses séries doivent se succéder d'une manière logique et régulière.

C'est ce qui m'a engagé à ne vous présenter qu'un cadre provisoire qui ne pourra devenir définitif qu'après le classement même des fiches.

Il ne faut pas s'attendre à ce que j'énumère des titres d'ouvrages, il n'est pas possible de le faire dans une simple causerie.

⁂

Nous n'avons pas été les seuls à penser à une œuvre comme celle-ci. Des essais ont été tentés, essais informes et sans valeur. Deux personnes seulement, à Paris, ont eu la conception exacte d'une pareille œuvre et l'ont commencée, sur des plans différents du nôtre.

Un jeune licencié, M. Jean Vic, prépare en ce moment un travail qui doit paraître sous peu ; il est intitulé : *La Guerre et les Livres. — Essai d'un manuel pratique de littérature de guerre.*

C'est un choix des meilleurs livres écrits sur la question, comprenant le titre et l'analyse de près de 1500 ouvrages divers et 700 articles de Revues. Le plan de cette œuvre est bien compris et paraît assez intéressant pour que je vous le lise :

PRÉFACE.

[Introduction] Les collections et les périodiques.

PREMIÈRE PARTIE : Les causes et les préparations de la guerre.

    Chap. 1. — La philosophie de la guerre ; ses origines profondes.

    Chap. 2. — Antécédents politiques de la guerre.

    Chap. 3. — Les négociations diplomatiques.

IIᵉ PARTIE. La guerre [proprement dite]

    Chap. 1. — Ouvrages théoriques et descriptifs.

    Chap. 2. — Récits généraux des événements militaires. — Ouvrages généraux traitant de questions particulières.

    Chap. 3. — La guerre en Belgique.

Ce livre n'est pas, comme vous pourrez en juger, une Bibliographie générale des événements actuels. A la suite des titres des principaux ouvrages, l'auteur y ajoute une analyse fort judicieuse qui permet d'en apprécier la valeur. On ne peut que féliciter M. Jean Vic de l'heureuse idée qu'il a eue.

Son œuvre sera utile à tous et à nous-même.

※

La deuxième personne qui se soit préoccupée des livres et autres objets se rapportant à la guerre est M. Henry Leblanc ; il a soigneusement collectionné tout ce qui s'y rapporte et en fait exécuter en ce moment le catalogue.

Cet ouvrage ne nous est connu que par l'annonce donnée dans la *Bibliographie de la France* et que voici :

Collection Henri Leblanc *La Grande Guerre* | *1914-191..* | *Iconographie. Bibliographie. Documents divers.* | Tome premier. | Catalogue raisonné des

Estampes, Originaux, Affiches illustrées, Imageries, Vignettes, Cartes postales, Médailles, Bons de monnaie, Timbres, etc., du 1ᵉʳ août 1914 au 31 dé-
cembre 1915. — 12 Illustrations hors texte. | Préface de Georges Cain. |
[Note] Les tomes II et III qui paraîtront incessamment comprendront les documents
bibliographiques des grandes divisions suivantes : Livres, Brochures, Arti
cles de Revues, Affiches-texte, Musiques, Cartes géographiques, etc.

Vous le voyez, Mesdames et Messieurs, ce travail promet d'être
considérable, et je me félicite, pour ma part, de sa prochaine apparition, car il est certain que j'y puiserai des renseignements pré-
cieux.

Ces travaux, loin d'arrêter notre zèle, nous ont déterminé à
poursuivre nos recherches et à rendre aussi complète que possible
cette bibliographie, destinée surtout aux bibliothèques et aux éru-
dits de l'avenir.

*

Pour terminer cette causerie, il me reste à vous dire ce qui a
été fait dans les Bibliothèques de Paris et des divers départements.

La Bibliothèque Nationale s'enrichit tous les jours, grâce à l'activité intelligente de ses conservateurs : M. de la Roncière pour les
imprimés, M. Courboin pour les estampes, M. Vallée pour les
cartes géographiques.

M. E. Chatelain, Conservateur de la Bibliothèque de l'Université tient à honneur à posséder un fonds choisi d'ouvrages sur la
guerre et apporte toute son attention à en rechercher les meilleurs
travaux.

La Bibliothèque du Ministère de la Marine possède déjà plu-
sieurs centaines d'ouvrages et de brochures de cet ordre, et cette
collection est destinée à beaucoup s'accroître.

Enfin M. Coyecque, Chef du Secrétariat et du Service des
Bibliothèques municipales de la Ville de Paris, a fait inscrire parmi

les livres à l'usage de ces bibliothèques tous ceux qui ont un caractère d'intérêt pour les lecteurs qui les fréquentent.

Je suis persuadé que d'autres bibliothèques, dans Paris, font les mêmes efforts pour satisfaire leurs nombreux lecteurs et possèdent bien des ouvrages sur les événements actuels.

M. J. Laude, notre ami et collègue, à Clermont-Ferrand, a entrepris une collection de cet ordre et j'ai cité dans une précédente causerie les divisions de son catalogue.

Mais c'est à la ville de Lyon que revient en ce moment l'honneur de posséder la plus grande collection d'ouvrages sur la guerre. L'extrême activité du Bibliothécaire en chef, M. Cantinelli, appuyé et encouragé par M. Herriot, sénateur et maire de Lyon, lui permet de se tenir au courant et de recevoir, non seulement les publications françaises, mais aussi celles des Alliés, des Neutres et même celles publiées par nos ennemis.

J'ai eu le plaisir de visiter cette bibliothèque en avril 1916, et j'ai pu constater quelle méthode était apportée au classement de ces livres.

Le nombre de volumes et de pièces a atteint récemment le chiffre de 17.000, M. Cantinelli va en publier le catalogue à partir du mois de janvier prochain. Un fascicule paraîtra tous les deux mois.

Je regrette de ne pouvoir vous parler de tout ce qui touche à la classification de cette œuvre, mais le temps me fait défaut.

J'en ai fini, Mesdames et Messieurs, avec l'exposé et le développement du sujet où la technique domine trop, mais il est difficile, en paroles, de faire apprécier un travail de cette étendue.

Veuillez me pardonner et recevez tous mes remercîments pour la bienveillance avec laquelle vous avez écouté cette causerie si peu récréative.

A. MAIRE.

Imprimerie E. AUBIN. — LIGUGÉ (Vienne).